Gröls Verlage

„BÜCHER SIND WIE FALLSCHIRME. SIE NÜTZEN UNS NICHTS, WENN WIR SIE NICHT ÖFFNEN."

Gröls Verlag

Redaktionelle Hinweise und Impressum

Das vorliegende Werk wurde zugunsten der Authentizität sehr zurückhaltend bearbeitet. So wurden etwa ursprüngliche Rechtschreibfehler *nicht* systematisch behoben, denn kleine Unvollkommenheiten machen das Buch – wie im Übrigen den Menschen – erst authentisch. Mitunter wurden jedoch zum Beispiel Absätze behutsam neu getrennt, um den Lesefluss zu erleichtern.

Um die Texte zu rekonstruieren, werden antiquarische Bücher von Lesegeräten gescannt und dann durch eine Software lesbar gemacht. Der so entstandene Text wird von Menschen gegengelesen und korrigiert – hierbei treten auch Fehler auf. Wenn Sie ebenfalls antiquarische Texte einreichen möchten, finden Sie weitere Informationen auf www.groels.de

Viel Freude bei der Lektüre wünscht Ihnen das Team des Gröls-Verlags.

Adressen
Verleger: Sophia Gröls, Im Borngrund 26, 61440 Oberursel
Externer Dienstleister für Distribution & Herstellung: BoD, In de Tarpen 42, 22848 Norderstedt

Unsere „Edition | Kleine Klassiker" versammelt über hundert unbestrittene Klassiker der Weltliteratur in einem ästhetisch anspruchsvollen und handlichen Format.

Die Gröls-Klassiker-Editionen gehören heute mit ungefähr tausend Werken zu den größten Sammlungen klassischer Literatur im deutschen Sprachraum. Wir kultivieren und kuratieren damit einen der wertvollsten Bereiche der abendländischen Kultur. Kleine Auswahl:

Francis Bacon • Neues Organon • **Balzac** • Glanz und Elend der Kurtisanen • **Joachim H. Campe** • Robinson der Jüngere • **Dante Alighieri** • Die Göttliche Komödie • **Daniel Defoe** • Robinson Crusoe • **Charles Dickens** • Oliver Twist • **Denis Diderot** • Jacques der Fatalist • **Fjodor Dostojewski** • Schuld und Sühne • **Arthur Conan Doyle** • Der Hund von Baskerville • **Elisabeth von Österreich** • Das Poetische Tagebuch • **Friedrich Engels** • Die Lage der arbeitenden Klasse • **Ludwig Feuerbach** • Das Wesen des Christentums • **Fitzgerald** • Zärtlich ist die Nacht • **Flaubert** • Madame Bovary • **Theodor Fontane** • Effi Briest • **Robert Musil** • Über die Dummheit • **Edgar Wallace** • Der Frosch mit der Maske • **Jakob Wassermann** • Der Fall Maurizius • **Oscar Wilde** • Das Bildnis des Dorian Grey •

Mark Twain • Huckleberry Finns Abenteuer und Fahrten • **Anton Tschechow** • Die Möwe • **Ludwig Tieck** • Der gestiefelte Kater • **Feuerbach** • Das Wesen des Christentums • **Fitzgerald** • Zärtlich ist die Nacht • **Flaubert** • Madame Bovary • **Theodor Fontane** • Effi Briest • **Robert Musil** • Über die Dummheit • **Edgar Wallace** • Der Frosch mit der Maske • **Jakob Wassermann** • Der Fall Maurizius • **Oscar Wilde** • Das Bildnis des Dorian Grey • **Mark Twain** • Huckleberry Finns Abenteuer und Fahrten • **Anton Tschechow** • Die Möwe • **Ludwig Tieck** • Der gestiefelte Kater • **Jonathan Swift** • Gullivers Reisen • **Robert Louis Stevenson** • Die Schatzinsel • **William Shakespeare** • Othello • **Arthur Schopenhauer** • Die Kunst, Recht zu behalten • **Felix Salten** • Bambi • **Platon** • Der Staat • **Arthur Schnitzler** • Traumnovelle • **Friedrich Schiller** • Wilhelm Tell • **Karl May** • Winnetou • **Franz Kafka** • Der Prozeß • Platon • Verteidigungsrede • **Jules Verne** • Reise nachdem Mittelpunkt der Erde • **Leo Tolstoi** • Auferstehung • **August Strindberg** • Inferno • **Julius Stinde** • Familie Buchholz • **Wilhelm Raabe** • Die schwarze Galeere • **Friedrich Nietzsche** • Götzendämmerung • **Gotthold Ephraim Lessing** • Emilia Galotti *und viele weitere Werke….*

Richard Wagner

Der fliegende Holländer

Inhalt

Personen

Daland, ein norwegischer Seefahrer

Senta, seine Tochter

Erik, ein Jäger

Mary, Sentas Amme

Der Steuermann Dalands

Der Holländer

Matrosen des Norwegers.
Die Mannschaft des Fliegenden Holländers.
Mädchen

Die norwegische Küste

Erster Aufzug

Steiles Felsenufer. Das Meer nimmt den größten Teil der Bühne ein; weite Aussicht auf dasselbe. Die Felsen im Vordergrund bilden auf beiden Seiten Schluchten, aus denen die Echos antworten. – Finsteres Wetter; heftiger Sturm; zwischen den Felsen selbst verliert der Wind, den man in offener See die Wogen peitschen sieht, seine Macht; nur von Zeit zu Zeit scheint das Heulen des Sturms hereinzudringen. – Das Schiff Dalands hat soeben dicht am Ufer Anker geworfen; die Mannschaft ist in geräuschvoller Arbeit beschäftigt, die Segel aufzustreichen, Taue auszuwerfen u.s.w. Daland ist ans

Land gegangen; er steigt auf einen Felsen und sucht landeinwärts die Gegend zu erkennen

Matrosen *während der Arbeit.*

Johohe! Hallajo! Hohoha! Hallojo!
Ho! Ha! Ha! Ja! Hallajo! Hallaha! Hallahoja!

Daland *kommt vom Felsen herab.*

Kein Zweifel! Sieben Meilen fort
trieb uns der Sturm vom sichren Port.
So nah dem Ziel nach langer Fahrt,
war mir der Streich noch aufgespart!

Der Steuermann ruft vom Schiffe her

Steuermann *durch die hohlen Hände.*

Ho! Kapitän!

Daland.

Am Bord bei euch – wie steht's?

Steuermann.

Gut, Kapitän! Wir haben sich'ren Grund.

Daland.

Sandwike ist's, genau kenn ich die Bucht.
Verwünscht! Schon sah am Ufer ich mein Haus,
Senta, mein Kind, glaubt ich schon zu umarmen: –
da bläst es aus dem Teufelsloch heraus ...
Wer baut auf Wind, baut auf Satans Erbarmen!

Was hilft's? Geduld! Der Sturm läßt nach;
wenn so er tobte, währt's nicht lang.

Er geht am Bord des Schiffes

He, Bursche! Lange wart ihr wach, –
zur Ruhe denn! Mir ist nicht bang.

Die Matrosen steigen in den Schiffsraum hinab

Nun, Steuermann, die Wache nimmst du wohl für mich?
Gefahr ist nicht, doch gut ist's, wenn du wachst.

Steuermann.

Seid außer Sorg! Schlaft ruhig, Kapitän!

Daland geht in die Kajüte.

Der Sturm hat sich gelegt; nur in abgesetzten Pausen dringen gemilderte Windstöße in die Schlucht. Auf offener See türmen sich die Wogen. Der Steuermann macht die Schiffsrunde; von Müdigkeit überfallen setzt er sich dann am Steuerruder nieder. Er gähnt. – Er schüttelt sich auf, als ihm der Schlaf kommt

Steuermann.

Mit Gewitter und Sturm aus fernem Meer –
mein Mädel, bin dir nah!
Über turmhohe Flut vom Süden her –
mein Mädel, ich bin da!

Mein Mädel, wenn nicht Südwind wär,
ich nimmer wohl käm zu dir;
ach, lieber Südwind, blas noch mehr!
Mein Mädel verlangt nach mir.
Hohoja! Hallohoho! Jollohohoho! Heho!

Eine große Woge naht dem Schiffe und rüttelt es heftig. – Der Steuermann fährt auf; er sieht nach, ob das Schiff Schaden genommen habe. Beruhigt setzt er sich wieder am Steuer nieder. Der Schlaf kommt ihn immer mehr an. – Er gähnt.

Von den Südens Gestad, aus weitem Land –

ich hab an dich gedacht!
Durch Gewitter und Meer vom Mohrenstrand –
hab dir was mitgebracht.
Mein Mädel, preis den Südwind hoch,
ich bring dir ein gülden Band!
Ach, lieber Südwind, blase doch!
Mein Mädel hätt gern den Tand.
Hoho! Ja! Hollaho!

Er schläft völlig ein; das Meer wird von neuem unruhiger. – Das Schiff des Fliegenden Holländers, mit schwarzen Masten und blutroten Segeln, zeigt sich in der Ferne, und naht sich mit großer Schnelle der Küste. Es legt auf der dem norwegischen Schiffe entgegengesetzten Seite an. Mit einem furchtbaren Krach sinkt der Anker an der Kette in den Grund. – Der Steuermann fährt auf und sieht nach dem Steuer; überzeugt, daß nichts geschehen, setzt er sich wieder.

Mein Mädel, wenn nicht Südwind wär …

Er schläft von neuem ein. Stumm und ohne ferneres Geräusch zieht die gespenstische Mannschaft des Holländers die Segel auf u.s.w. Der Holländer geht ans Land, er trägt schwarze spanische Tracht.

Holländer.

Die Frist ist um, … und abermals verstrichen

sind sieben Jahr ... voll Überdruß
wirft mich
das Meer ans Land ... Ha! Stolzer
Ozean!
In kurzer Frist sollst du mich
wieder tragen!
Dein Trotz ist beugsam, doch
ewig meine Qual.
Das Heil, das auf dem Land ich
suche, nie
werd ich es finden! Euch, des
Weltmeers Fluten
bleib ich – bis eure letzte Welle
sich bricht – und euer letztes Naß
versiegt!
Wie oft in Meeres tiefsten
Schlund
stürzt ich voll Sehnsucht mich
hinab:

doch ach! Den Tod, ich fand ihn
nicht!
Da, wo der Schiffe furchtbar
Grab,
trieb ***mein*** Schiff ich zum
Klippengrund:
doch ach! mein Grab, es schloß
sich nicht!
Verhöhnend droht ich dem
Piraten,
im wilden Kampfe hofft ich Tod:
„Hier“ – rief ich – „zeige deine
Taten!
Von Schätzen voll ist Schiff und
Boot!“ –
Doch ach! Des Meers
barbar'scher Sohn
schlägt bang das Kreuz und flieht
davon ...

Wie oft in Meeres tiefsten Grund
stürzt ich voll Sehnsucht mich
hinab!
Da, wo der Schiffe furchtbar
Grab,
trieb *mein* Schiff ich zum
Klippengrund:
Nirgends ein Grab! Niemals der
Tod!
Dies der Verdammnis
Schreckgebot.
Dich frage ich, gepries'ner Engel
Gottes,
der meines Heils Bedingung mir
gewann!
War ich Unsel'ger Spielwerk
deines Spottes,
als die Erlösung du mir zeigtest
an?

Vergebne Hoffnung! Furchtbar
eitler Wahn!
Um ew'ge Treu auf Erden – ist's
getan!
Nur ***eine*** Hoffnung soll mir
bleiben,
nur ***eine*** unerschüttert stehn: –
so lang der Erde Keim auch
treiben,
so muß sie doch zugrunde gehn.
Tag des Gerichtes! Jüngster Tag!
Wann brichst du an in meine
Nacht?
Wann dröhnt er, der
Vernichtungs-Schlag,
mit dem die Welt
zusammenkracht?
Wann alle Toten auferstehn,
dann werde ich in Nichts

vergehn!
Ihr Welten, endet euren Lauf!
Ew'ge Vernichtung, nimm mich auf!

Der Holländer lehnt sich mit verschränkten Armen, dumpf in sich gekehrt, an einer Felsenwand.

Chor der Mannschaft des Holländers – *im Schiffsraum – unsichtbar.*

Ew'ge Vernichtung, nimm uns auf!

Daland kommt aus der Kajüte; er sieht sich nach dem Wind um und erblickt das fremde Schiff.

Daland *sich nach dem Steuermann umsehend.*

He! Holla! Steuermann!

Steuermann *sich schlaftrunken halb aufrichtend.*

's ist nichts; 's ist nichts!
– Ach, lieber Südwind, blas noch mehr!
– mein Mädel ...

Daland *den Steuermann aufrüttelnd.*

Du siehst nichts? Gelt, du wachtest brav, mein Bursch!
Dort liegt ein Schiff ... wie lange schliefst du schon?

Steuermann *rasch auffahrend.*

Zum Teufel auch! Verzeiht mir, Kapitän!

Er setzt schnell das Sprachrohr an und ruft über Bord.

Wer da?

Lange Pause.

Wer da?

Lange Pause.

Daland.

Es scheint, sie sind gerad
so faul als wir.

Steuermann *wie vorher.*

Gebt Antwort! Schiff und Flagge?

Daland *erblickt den Holländer am Lande.*

Laß ab! Mich dünkt, ich seh den
Kapitän!

Den Holländer anrufend:

He! Holla! Seemann! Nenne dich!
Wes Landes?

Langes Stillschweigen.

Holländer *ohne seine Stellung zu verlassen.*

Weit komm ich her ... Verwehrt bei Sturm und Wetter ihr mir den Ankerplatz?

Daland.

Behüt es Gott! Gastfreundschaft kennt der Seemann!

An das Land gehend.

Wer bist du?

Holländer.

Holländer.

Daland.

Gott zum Gruß! So trieb auch dich
der Sturm an diesen nackten Felsenstrand?
Mir ging's nicht besser ... wenig Meilen nur
von hier ist meine Heimat, fast erreicht
mußt ich aufs neu mich von ihr wenden. Sag,
woher kommst du? Hast Schaden du genommen?

Holländer.

Mein Schiff ist fest ... es leidet keinen Schaden.

Mit Ausdruck aber ohne Leidenschaft.

Durch Sturm und bösen Wind verschlagen,
irr auf den Wassern ich umher;

wie lange? weiß ich kaum zu
sagen,
schon zähl ich nicht die Jahre
mehr.
Unmöglich dünkt mich's, daß ich
nenne
die Länder alle, die ich fand: –
das Eine nur, nach dem ich
brenne,
ich find es nicht – mein
Heimatland!
Vergönne mir auf kurze Frist dein
Haus,
und deine Freundschaft soll dich
nicht gereun!
Mit Schätzen aller Gegenden und
Zonen
ist reich mein Schiff beladen;
willst du handeln,

so sollst du sicher deines Vorteils sein!

Daland.

Wie wunderbar! Soll deinem Wort ich glauben?
Ein Unstern, scheint's, hat dich bis jetzt verfolgt: –
um dir zu frommen biet ich, was ich kann ...
Doch darf ich fragen ... was dein Schiff enthält?

Der Holländer gibt der Wache seines Schiffes ein Zeichen, auf welches man von demselben eine Kiste an das Land bringt.

Holländer.

Die seltensten der Schätze sollst du sehn;
kostbare Perlen, edelstes Gestein.
Blick hin, und überzeuge dich vom Werte
des Preises, den ich für ein gastlich Dach
dir biete!

Daland *voll Erstaunen den Inhalt der Kiste übersehend.*

Wie! Ist's möglich! Diese Schätze!
Wer ist so reich, den Preis dafür zu bieten!

Holländer.

Den Preis? Soeben hab ich ihn genannt:
dies für das Obdach einer einz'gen Nacht!

Doch, was du siehst, ist nur der kleinste Teil
von dem, was meines Schiffes Raum verschließt …
Was frommt der Schatz? Ich habe weder Weib noch Kind –
und meine Heimat find ich nie!
All meinen Reichtum biet ich dir, wenn bei
den Deinen du mir neue Heimat gibst!

Daland.

Was muß ich hören!

Holländer.

Hast du eine Tochter?

Daland.

Fürwahr, ein treues Kind!

Holländer.

Sie sei mein Weib! –

Daland *freudig betroffen.*

Wie? Hört ich recht? Meine Tochter sein Weib!
Er selbst spricht aus den Gedanken!
Fast fürcht ich, wenn unentschlossen ich bleib,
er müßt im Vorsatze wanken.
Wüßt ich, ob ich wach oder träume!
Kann ein Eidam willkommener sein?
Ein Thor! – wenn das Glück ich versäume!
Voll Entzücken schlage ich ein.

Daland.

Wohl, Fremdling! hab ich eine schöne
Tochter,
mit treuer Kinderlieb ergeben
mir;
sie ist mein Stolz, das Höchste
meiner Güter, –
mein Trost im Unglück, meine
Freud im Glück!

Holländer.

Dem Vater stets bewahr sie ihre
Liebe!
Ihm treu – wird sie auch treu
dem Gatten sein.

Daland.

Du gibst Juwelen, unschätzbare
Perlen: –
das höchste Kleinod doch, – ein
treues Weib ...

Holländer.

Du gibst es mir?

Daland.

Ich gebe dir mein Wort!
Mich rührt dein Los; – freigiebig, wie du bist,
zeigst Edelmut und hohen Sinn du mir …
den Eidam wünscht ich so, – und wär dein Gut
auch nicht so reich, wählt ich doch keinen Andren!

Holländer.

Hab Dank! Werd ich die Tochter heut noch sehn?

Daland.

Der nächste günst'ge Wind bringt uns nach Haus;
du sollst sie sehn – und wenn sie dir gefällt ...

Holländer.

So ist sie mein ... Wird sie mein Engel sein?
Wenn aus der Qualen Schreckgewalten
die Sehnsucht nach dem Heil mich treibt,
ist mir's erlaubt, mich festzuhalten
an einer Hoffnung, die mir bleibt?
Darf ich in jenem Wahn noch schmachten,
daß sich ein Engel mir erweicht?

Der Qualen, die mein Haupt umnachten,
ersehntes Ziel hätt ich erreicht?
Ach! ohne Hoffnung, wie ich bin,
gab ich mich doch der Hoffnung hin!

Daland.

Gepriesen seid, des Sturms Gewalten,
die ihr an diesen Strand mich triebt!
Fürwahr, bloß brauch ich festzuhalten,
was sich so schön von selbst mir gibt.
Die ihn an diese Küste brachten,
ihr Winde, sollt gesegnet sein!
Ha, wonach alle Väter trachten,
ein reicher Eidam, er ist mein!

Ja! dem Mann mit Gut und hohem Sinn
gab froh ich Haus und Tochter hin.

Das Wetter hat sich völlig aufgeklärt, – der Wind ist umgeschlagen.

Steuermann *am Bord.*

Südwind! Südwind!
Ach! lieber Südwind, blas noch mehr!

Matrosen *die Mütze schwenkend.*

Halloho! Hohoho! Halloho! Halloho!
Halloho! Ho! Ho! Ho!

Daland.

Du siehst, das Glück ist günstig dir,
der Wind ist gut, die See in Ruh.

Sogleich die Anker lichten wir,
und segeln froh der Heimat zu.

Holländer.

Darf ich dich bitten, so segelst du
voran; –
der Wind ist frisch, doch meine
Mannschaft müd;
ich gönn ihr kurze Ruh – und
folge dann.

Daland.

Doch – unser Wind?

Holländer.

Er bläst noch lang aus Süd.
Mein Schiff ist schnell, es holt
dich sicher ein.

Daland.

Du glaubst? – Wohlan! Es möge denn so sein.
Leb wohl! Mögst heute du mein Kind noch sehn!

Holländer.

Gewiß!

Daland *an Bord seines Schiffes gehend.*

Hei! Wie die Segel schon sich blähn! Hallo! Hallo!

Er gibt ein Signal auf der Schiffspfeife.
Frisch! Jungen, greifet an!

Das Schiff wird losgemacht.

Matrosen *im Absegeln.*

Mit Gewitter und Sturm aus fernem Meer –

Mein Mädel, bin dir nah! Hurrah!
Über sturmhohe Flut vom Süden her –
mein Mädel, bin ich da! Hurrah!
Mein Mädel, wenn nicht Südwind wär,
ich nimmer wohl käm zu dir!
Ach! lieber Südwind blas noch mehr!
Mein Mädel verlangt nach mir!
Ho! Ho! Ho! joloho!
Hohohohoho!

Der Holländer ist an Bord seines Schiffes gegangen, der Vorhang fällt.

Zweiter Aufzug

Ein geräumiges Zimmer im Hause Dalands; an den Seitenwänden Abbildungen von Seegegenständen, Karten usw. An der Wand im Hintergrunde das Bild eines Mannes mit dunklem Barte und in schwarzer Kleidung. – Mary und die Mädchen sitzen um den Kamin herum und spinnen; – Senta, in einem Großvaterstuhle zurückgelehnt und mit untergeschlagenen Armen, ist im träumerischen Anschauen des Bildes im Hintergrunde versunken.

Mädchen.

Summm und brumm, du gutes
Rädchen,
munter, munter dreh dich um!

Spinne, spinne tausend Fädchen,
gutes Rädchen, summ und
brumm!
Mein Schatz ist auf dem Meere
draus,
er denkt nach Haus
ans fromme Kind; –
mein gutes Rädchen, braus und
saus!
Ach! gäbst du Wind,
er käm geschwind
Spinnt! Spinnt!
Fleißig, Mädchen!
summ! brumm!
Gutes Rädchen!

Mary.

Ei, fleißig! Fleißig, wie sie spinnen!
Will Jede sich den Schatz gewinnen.

Mädchen.

Frau Mary, still! Denn wohl ihr wißt,
das Lied noch nicht zu Ende ist.

Mary.

So singt! Dem Rädchen läßt's nicht Ruh.

Zu Senta.

Du aber, Senta, schweigst dazu?

Mädchen.

Summ und brumm, du gutes Rädchen!
Munter, munter dreh dich um!
Spinne, spinne tausend Fädchen,

gutes Rädchen, summm und
brumm!
Mein Schatz da draußen auf dem
Meer,
im Süden er
viel Gold gewinnt: –
ach! gutes Rädchen, saus noch
mehr! –
er gibt's dem Kind,
wenn's fleißig spinnt!
Spinnt! Spinnt!
Fleißig, Mädchen!
Brumm! Summ!
Gutes Rädchen!

Mary *zu Senta.*

Du böses Kind! Wenn du nicht
spinnst,

vom Schatz du kein Geschenk gewinnst!

Mädchen.

Sie hat's nicht not, daß sie sich eilt;
ihr Schatz nicht auf dem Meere weilt: –
bringt er nicht Gold, bringt er doch Wild, –
man weiß ja, was ein Jäger gilt!

Sie lachen.

Senta ohne ihre Stellung zu verlassen, singt leise einen Vers aus der folgenden Ballade vor sich hin.

Mary.

Da seht ihrs! Immer vor dem Bild!
Willst du dein ganzes junges

Leben
verträumen vor dem Konterfei?

Senta *ohne ihre Stellung zu verlassen.*

Was hast du Kunde mir gegeben, –
was mir erzählet, wer er sei! –

Seufzend.

Der arme Mann!

Mary.

Gott sei mit dir!

Mädchen.

Ei ei! Ei ei! Was hören wir!
Sie seufzet um den bleichen
Mann!

Mary.

Den Kopf verliert sie noch darum!

Mädchen.

Da sieht man, was ein Bild doch kann!

Mary.

Nichts hilft es, wenn ich täglich
brumm!
Komm! Senta! Wend dich doch
herum!

Mädchen.

Sie hört euch nicht! Sie ist verliebt!
Ei, ei! Wenn's nur nicht Händel
gibt!
Herr Erik hat gar heißes Blut, –
daß er nur keinen Schaden tut!
Sagt nichts! – Er schießt sonst
wutentbrannt
den Nebenbuhler – von der
Wand.

Sie lachen.

Senta *heftig auffahrend.*

O schweigt! Mit eurem tollen Lachen wollt ihr mich ernstlich böse machen?

Mädchen *fallen mit komischem Eifer sehr stark ein, indem sie die Spinnräder heftig und mit großem Geräusche drehen, gleichsam um Senta nicht Zeit zum Schmälen zu lassen.*

Summm und brumm, du gutes Rädchen,
munter, munter dreh dich um!
Spinne, spinne tausend Fädchen!
Gutes Rädchen, summ und brumm!

Senta *ärgerlich unterbrechend.*

Oh! Macht dem dummen Lied ein
Ende!
Es brummt und summt nur vor
dem Ohr.
Wollt ihr, daß ich mich zu euch
wende,
so sucht was Besseres hervor!

Mädchen.

Gut! Singe du!

Senta.

Hört, was ich rate!
Frau Mary singt uns die Ballade.

Mary.

Bewahre Gott! Das fehlte mir!
Den fliegenden Holländer laßt in
Ruh!

Senta.

Wie oft doch hört ich sie von dir!

Mary.

Bewahre Gott! Das fehlte mir!

Senta.

Ich sing sie selbst! Hört, Mädchen, zu!

Laßt mich's euch recht zu Herzen führen, –
des Ärmsten Los, es muß euch rühren!

Mädchen.

Uns ist es recht!

Senta.

Merkt auf die Wort!

Mädchen.

Dem Spinnrad Ruh!

Mary *ärgerlich.*

Ich spinne fort!

Die Mädchen rücken, nachdem sie ihre Spinnräder bei Seite gesetzt haben, die Sitze dem Großvaterstuhle näher und gruppieren sich um Senta. Die Amme bleibt am Kamin sitzen und spinnt fort.

Senta.

Johohoe! Johohoe! Hojohe!
Traft ihr das Schiff im Meere an,
blutrot die Segel, schwarz der Mast?
Auf hohem Bord der bleiche Mann,

des Schiffes Herr wacht ohne
Rast.
Hui! – Wie saust der Wind! –
Johohe! Hojohe!
Hui! – Wie pfeift's im Tau! –
Johohe! Hojohe!
Hui! – Wie ein Pfeil fliegt er hin,
ohne Ziel, ohne Rast, ohne Ruh!
Doch kann dem bleichen Manne
Erlösung einstens noch werden,
fänd er ein Weib, das bis in den
Tod getreu ihm auf Erden! –
Ach! wann wirst du, bleicher
Seemann, sie finden?
Betet zum Himmel, daß bald
ein Weib Treue ihm halt!

Gegen das Ende der Strophe kehrt Senta sich gegen das Bild. Die

Mädchen hören teilnahmvoll zu;
die Amme hat aufgehört zu spinnen.

Bei bösem Wind und Sturmes Wut
umsegeln wollt er einst ein Kap;
er flucht' und schwur mit tollem Mut:
„In Ewigkeit laß ich nicht ab!“ –
Hui! – Und Satan hört's! Johohe! – Hojohe!
Hui! – Und Satan hört's! – Johohe! Hojohe!
Hui! – Und verdammt zieht er nun
durch das Meer ohne Rast, ohne Ruh!
Doch, daß der arme Mann noch
Erlösung fände auf Erden,

zeigt Gottes Engel an, wie sein
Heil ihm einst könne werden!
Ach möchtest du, bleicher
Seemann, sie finden!
Betet zum Himmel, daß bald
ein Weib Treue ihm halt!

Die Mädchen sind ergriffen und singen den Schlußreim leise mit. Senta fährt mit immer zunehmender Aufregung fort.

Vor Anker alle sieben Jahr,
ein Weib zu frei'n, geht er ans
Land: –
er freite alle sieben Jahr ...
noch nie ein treues Weib er fand!
Hui! – „Den Anker los!" Johohe!
Hojohe!
Hui! – „Die Segel auf!" – Johohe!

Hojohe!
Hui! – „Falsche Lieb, falsche Treu!
Auf in See! Ohne Rast! Ohne Ruh!“ – –

Senta, zu heftig angegriffen, sinkt in den Stuhl zurück; die Mädchen singen nach einer Pause leise weiter.

Mädchen.

Ach! wo weilt sie, die dir Gottes Engel einst könne zeigen?
Wo triffst du sie, die bis in den Tod dein bliebe treueigen?

Senta *von plötzlicher Begeisterung hingerissen, springt vom Stuhle auf.*

Ich sei's, die dich durch ihre Treu
erlöset!
Mög Gottes Engel mich dir
zeigen!
Durch mich sollst du das Heil
erreichen!

Mary UND Mädchen *erschreckt aufspringend.*

Hilf, Himmel! Senta! Senta!

Erik ist zur Türe hereingetreten und hat Sentas Ausruf vernommen.

Erik.

Senta! Senta! Willst du mich
verderben?

Mädchen.

Helft, Erik, uns! Sie ist von Sinnen!

Mary.

Ich fühle mir das Blut gerinnen!
Abscheulich Bild, du sollst hinaus!
Kommt nur der Vater erst nach Haus!

Erik *düster.*

Der Vater kommt.

Senta die in ihrer letzten Stellung verblieben und von allem nichts vernommen hatte, wie erwachend und freudig auffahrend.

Der Vater kommt?

Erik.

Vom Felsen sah sein Schiff ich nahn.

Mary *außer sich.*

Nun seht, zu was eu'r Treiben
frommt!
Im Hause ist noch nichts getan!

Mädchen *voll Freude.*

Sie sind daheim! – Auf, eilt hinaus!

Mary *die Mädchen zurückhaltend.*

Halt, halt! Ihr bleibet fein im Haus!
Das Schiffsvolk kommt mit
leerem Magen;
in Küch und Keller, säumet nicht!
Laßt euch nur von der Neugier
plagen!
Vor allem geht an eure Pflicht!

Mädchen *für sich.*

Ach! Wie viel hab ich ihn zu fragen!
Ich halte mich vor Neugier nicht!
–

Schon gut! Sobald nur aufgetragen,
hält hier uns länger keine Pflicht!

Mary treibt die Mädchen hinaus und folgt ihnen Senta will ebenfalls fort; Erik hält sie zurück.

Erik.

Bleib, Senta! Bleib nur einen Augenblick!
Aus meinen Qualen reiße mich!
Doch willst du, –
ach, so verdirb mich ganz!

Senta *zögernd.*

Was ist? Was soll?

Erik.

O, Senta, sprich, was aus mir werden soll?

Dein Vater kommt … eh wieder er verreist,
wird er vollbringen, was schon oft er wollte …

Senta.

Und was meinst du?

Erik *mit Entschluß und Verzweiflung*.

Dir einen Gatten geben!
Mein Herz voll Treue bis zum Sterben,
mein dürftig Gut, mein Jägerglück: –
darf so um deine Hand ich werben?
Stößt mich dein Vater nicht zurück?
Wenn sich mein Herz im Jammer bricht, –

sag, Senta, wer dann für mich spricht?

Senta.

O, schweige, Erik, jetzt! Laß mich hinaus,
den Vater zu begrüßen!
Wenn nicht wie sonst an Bord die Tochter kommt, –
wird er nicht zürnen müssen?

Erik.

Du willst mich fliehn?

Senta.

Ich muß zum Port!

Erik.

Du weichst mir aus?

Senta.

Ach, laß mich fort!

Erik.

Fliehst du zurück vor dieser Wunde,
die du mir schlugst, dem Liebeswahn?
O, höre mich zu dieser Stunde!
Hör meine letzte Frage an! –
Wenn dieses Herz im Jammer bricht,
Senta sein, die für mich spricht?

Senta *schwankend.*

Wie? Zweifelst du an meinem Herzen?
Du zweifelst, ob ich gut dir bin?
Oh! sag, was weckt dir solche Schmerzen?
Was trübt mit Argwohn deinen Sinn?

Erik.

Dein Vater, – ach! nach Schätzen
geizt er nur!
Und Senta, du … wie dürft auf
dich ich zählen?
Erfülltest du nur ***eine*** meiner
Bitten?
Kränkst du mein Herz nicht
jeden Tag?

Senta.

Dein Herz?

Erik.

Was soll ich denken? … Jenes Bild …

Senta.

Das Bild?

Erik.

Lässt du von deiner Schwärmerei
wohl ab?

Senta.

Kann meinem Blick Teilnahme ich
verwehren?

Erik.

Und die Ballade ... heut noch sangst
du sie!

Senta.

Ich bin ein Kind, und weiß nicht, was
ich singe!
O sag, wie? Fürchtest du ein Lied
– ein Bild?

Erik.

Du bist so bleich ... sag, sollte ich's
nicht fürchten?

Senta.

Soll mich des Ärmsten Schreckenslos
nicht rühren?

Erik.

Mein Leiden, Senta, rührt es dich
nicht mehr?

Senta.

O, prahle nicht! Was
kann ***dein*** Leiden sein?
Kennst jenes Unglücksel'gen
Schicksal du?

Auf das Bild hindeutend.

Fühlst du den Schmerz, den tiefen
Gram,
mit dem herab auf mich er sieht?
Ach, was die Ruhe für ewig ihm
nahm,

wie schneidend Weh durchs Herz mir zieht!

Erik.

Weh mir! Es mahnt mich mein unsel'ger Traum!
Gott schütze dich! Satan hat dich umgarnt!

Senta.

Was erschreckt dich so?

Erik.

Senta! Laß dir vertraun!
Ein Traum ist's ... hör' ihn zur Warnung an!

Senta setzt sich erschöpft in den Lehnstuhl nieder; bei dem Beginn von Eriks Erzählung versinkt sie wie in magnetischen Schlaf, so daß es scheint, als träume sie den von ihm erzählten Traum ebenfalls. Erik steht an den Stuhl gelehnt zur Seite.

Erik *mit gedämpfter Stimme.*

Auf hohem Felsen lag ich träumend,
sah unter mir des Meeres Flut; –
die Brandung hört ich, wie sich schäumend
am Ufer brach der Wogen Wut!
Ein fremdes Schiff am nahen Strande
erblickt ich – seltsam – wunderbar.
Zwei Männer nahten sich dem Lande,
der Ein' – ich sah's – dein Vater war.

Senta *mit Spannung.*

Der Andre? ...

Erik.

Wohl erkannt' ich ihn ...
mit schwarzem Wams – und bleicher Mien'

Senta *mit zunehmender Spannung* ...

und düst'rem Blick ...

Erik *auf das Bild deutend* ...

der Seemann, er.

Senta.

Und ich ...?

Erik.

Du kamst vom Hause her;
du flogst, den Vater zu begrüßen

...
Doch kaum noch sah ich an dich langen,
du stürztest zu des Fremden Füßen, –
ich sah dich seine Knie umfangen
...

Senta.

Er hub mich auf ...

Erik.

An seine Brust: –
voll Inbrunnst hingst du dich an ihn, –
du küßtest ihn mit heißer Lust ...

Senta.

und dann ...?

Erik *Senta mit unheimlicher Verwunderung anblickend.*

sah ich aufs Meer euch fliehn.

Senta *in Ekstase.*

Er sucht mich auf! Ich muß ihn sehn;
mit ihm muß ich zu Grunde gehn!

Erik *in Verzweiflung.*

Entsetzlich! Mir wird es klar!
Sie ist dahin! Mein Traum sprach wahr!

Er stürzt voll Verzweiflung und Entsetzen ab.

Senta *nach dem Ausbruch ihrer Begeisterung in stummes Sinnen versunken, verbleibt in ihrer Stellung, den Blick auf das Bild* *geheftet; nach einer Pause singt sie leise, aber tief ergriffen.*

Ach, möchtest du, bleicher Seemann,
sie finden!
Betet zum Himmel, daß bald
ein Weib Treue ihm ...

Die Türe geht auf. Daland und der Holländer zeigen sich. Der Holländer ist sogleich eingetreten; Sentas Blick streift von dem Bilde auf den Holländer, sie stößt einen gewaltigen Schrei der Überraschung aus und bleibt wie festgebannt stehen.

Daland *ist unter der Türe stehen geblieben und scheint zu erwarten, daß ihm Senta entgegenkomme. – Sich allmählich Senta nähernd.*

Mein Kind, du siehst mich auf der
Schwelle ...
Wie? – Kein Umarmen? Keinen
Kuß?
Du bleibst gebannt auf deiner
Stelle ...
Verdien ich, Senta, solchen Gruß?

Senta *als Daland bei ihr anlangt, ergreift sie seine Hand.*

Gott dir zum Gruß! –

Ihn näher an sich ziehend.

Mein Vater, sprich! –
Wer ist der Fremde?

Daland *lächelnd.*

Drängst du mich?
Mögst du, mein Kind, den
fremden Mann willkommen

heißen!
Seemann ist er, gleich mir, das Gastrecht spricht er an.
Lang ohne Heimat, stets auf fernen, weiten Reisen,
in fremden Landen er der Schätze viel gewann.
Aus seinem Vaterland verwiesen,
für einen Herd er reichlich lohnt.
–
Sprich, Senta, würd es dich verdrießen,
wenn dieser Fremde bei uns wohnt?

Senta nickt beifällig mit dem Kopfe; Daland wendet sich zum Holländer.

Sagt, hab ich sie zu viel gepriesen?
Ihr seht sie selbst, ... ist sie euch recht?
Soll ich vom Lob noch überfließen?
Gesteht, sie zieret ihr Geschlecht!

Der Holländer macht eine beifällige Bewegung.

Mögst du mein Kind, dem Manne freundlich dich erweisen,
von deinem Herzen auch spricht holde Gab er an;
reich ihm die Hand, denn Bräutigam sollst du ihn heißen!
Stimmst du dem Vater bei, ist morgen er dein Mann.

Senta macht eine heftige schmerzliche Bewegung. Daland zieht einen

Schmuck hervor und wendet sich wieder zu Senta.

Sieh dieses Band, sieh diese Spangen! –
Was er besitzt, macht dies gering.
Muß, teures Kind, dich's nicht verlangen?
Dein ist es, wechselst du den Ring!

Senta, ohne Daland zu beachten, wendet ihren Blick nicht vom Holländer ab, sowie auch dieser nur in Sentas Anblick versunken ist. – Daland betrachtet sie.

Doch ... keines spricht! ... Sollt ich hier lästig sein?
So ist's – am besten laß ich sie allein.

Zu Senta.

Mögst du den edlen Mann gewinnen!
Glaub mir, solch Glück wird nimmer neu!

Zum Holländer.

Bleibt hier allein! Ich geh von hinnen …
Glaubt mir, wie schön, so ist sie treu!

Daland geht langsam ab, indem er wohlgefällig auf Senta und den Holländer zurückblickt. – Senta und der Holländer allein

Holländer *tief ergriffen.*

Wie aus der Ferne längst vergang'ner Zeiten
spricht dieses Mädchens Bild zu

mir;
wie ich's geträumt seit bangen
Ewigkeiten,
vor meinen Augen seh ich's hier.
Wohl hub auch ich voll
Sehnsucht meine Blicke
aus tiefer Nacht empor zu einem
Weib; –
ein schlagend Herz ließ, ach! mir
Satans Tücke,
daß eingedenk ich meiner
Qualen bleib!
Die düst're Glut, die hier ich
fühle brennen,
sollt ich Unseliger sie Liebe
nennen?
Ach nein! Die Sehnsucht ist es
nach dem Heil:

würd es durch solchen Engel mir
zu Teil!

Senta.

Versank ich jetzt in wunderbares
Träumen?
Was ich erblicke, ist's ein Wahn?
Weilt ich bisher in trügerischen
Räumen?
Brach des Erwachens Tag heut
an? –
Er steht vor mir mit leidenvollen
Zügen,
es spricht sein unerhörter Gram
zu mir.
Kann tiefen Mitleids Stimme
mich belügen?
Wie ich ihn oft gesehn, so steht
er hier.

Die Schmerzen, die in meinem Busen brennen, –
ach! dies Verlangen, wie soll ich es nennen?
Wonach mit Sehnsucht es ihn treibt, – das Heil,
würd es, du Ärmster, dir durch mich zuteil!

Holländer *sich Senta etwas nähernd.*

Wirst du des Vaters Wahl nicht schelten?
Was er versprach, wie – dürft es gelten?
Du könntest dich für ewig mir ergeben,
und deine Hand dem Fremdling reichtest du?
Soll finden ich, nach

qualenvollem Leben,
in deiner Treu die lang ersehnte
Ruh?

Senta.

Wer du auch seist, und welches das
Verderben,
dem grausam dich dein Schicksal
konnte weihn; –
was auch das Los, das ich mir
sollt erwerben: –
gehorsam stets werd ich dem
Vater sein.

Holländer.

So unbedingt, wie? könnte dich
durchdringen
für meine Leiden tiefstes
Mitgefühl?

Senta *für sich.*

O, welche Leiden! Könnt ich Trost dir
bringen!

Holländer *der Sentas Ausbruch
vernommen hat.*

Welch holder Klang im nächtigen
Gewühl!

Sehr bewegt.

Du bist ein Engel, – eines Engels
Liebe
Verworf'ne selbst zu trösten weiß
...!
Ach, wenn Erlösung mir zu
hoffen bliebe,
Allewiger! Durch ***diese*** sei's!

Senta *für sich.*

Ach! wenn Erlösung ihm zu hoffen bliebe,
Allewiger, durch mich nur sei's!

Holländer *zu Senta.*

Ach! könntest das Geschick du ahnen,
dem dann mit mir du angehörst,
–
dich würd es an das Opfer mahnen,
das du mir bringst, wenn Treu du schwörst!
Es flöhe schaudernd deine Jugend
dem Lose, dem du sie willst weihn, –
nennst du des Weibes schönste Tugend,
nennst ew'ge Treue du nicht dein!

Senta.

Wohl kenn ich Weibes heil'ge
Pflichten; –
sei drum getrost, unsel'ger Mann!
Laß über ***die*** das Schicksal
richten,
die seinem Spruche trotzen kann!
In meines Herzens höchster
Reine
kenn ich der Treue Hochgebot: –
wem ich sie weih, schenk ich
die ***Eine,***
die Treue bis zum Tod!

Holländer *mit Erhebung.*

Ein heil'ger Balsam meinen Wunden
dem Schwur, dem hohen Wort
entfließt.
Hört es: mein Heil hab ich

gefunden!
Mächte, die ihr zurück mich stießt!
Du, Stern des Unheils, sollst erblassen,
Licht meiner Hoffnung, leuchte neu!
Ihr Engel, die mich einst verlassen!
Stärkt jetzt dies Herz in seiner Treu!

Senta.

Von mächt'gem Zauber überwunden,
reißt's mich zu seiner Rettung fort.
Hier habe Heimat er gefunden!
Hier ruh sein Schiff in sich'rem Port!

Was ist's, das mächtig in mir
lebet?
Was schließt berauscht mein
Busen ein?
Allmächt'ger, was so hoch mich
erhebet,
laß es die Kraft der Treue sein!

Daland *tritt wieder auf.*

Verzeiht! Mein Volk hält draußen
sich nicht mehr ...
nach jeder Rückkunft, wisset,
gibt's ein Fest: –
verschönern möcht ich's, –
komme deshalb her, –
ob mit Verlobung sich's vereinen
läßt?

Zum Holländer.

Ich denk, ihr habt nach
Herzenswunsch gefreit?
Senta, mein Kind, sag, bist auch
du bereit?

Senta *mit feierlicher Entschlossenheit.*

Hier meine Hand! Und ohne Reu
bis in den Tod gelob ich Treu!

Holländer.

Sie reicht die Hand! Gesprochen sei
Hohn, Hölle, dir durch ihre Treu!

Daland.

Euch soll dies Bündnis nicht gereun!
Zum Fest! Heut soll sich Alles
freun!

Sie gehen ab. Der Vorhang fällt.

Dritter Aufzug

Seebucht mit felsigem Gestade; das Haus Dalands zur Seite im Vordergrunde. Den Hintergrund nehmen, ziemlich nah beieinanderliegend, die beiden Schiffe, das des Norwegers und das des Holländers ein. Helle Nacht: das norwegische Schiff ist erleuchtet; die Matrosen desselben sind auf dem Verdeck – Jubel und Freude. Die Haltung des holländischen Schiffes bietet einen unheimlichen Kontrast: eine unnatürliche Finsternis ist über dasselbe ausgebreitet; es herrscht Totenstille.

Chor der norwegischen Matrosen *auf ihrem Schiffe.*

Steuermann! Laß die Wacht!
Steuermann! Her zu uns!
Ho! Ha! Ja! Ha!
Hißt die Segel auf! Anker fest!
Steuermann! Her!
Fürchten weder Wind noch
bösen Strand,
wollen heute mal recht lustig
sein!
Jeder hat sein Mädel auf dem
Land, –
herrlichen Tabak und guten
Branntewein!
Hussassahe!
Klipp und Sturm draus –
Jollohohe!
lachen wir aus!
Hussassahe!
Segel ein! Anker fest!

Klipp und Sturm lachen wir aus!
Steuermann! Laß die Wacht!
Steuermann! Her zu uns!
Ho! He! Jo! Ha!
Steuermann, her! trink mit uns!
Ho! He! Ja! Ha!
Klipp und Sturm – He!
sind vorbei! He!
Hussahe! Hallohe
Hussahe! Steuermann!
He! komm und trink mit uns!

Sie tanzen auf dem Verdeck, indem sie den Niederschlag jedes Taktes mit starkem Aufstampfen der Füße begleiten. – Die Mädchen kommen aus dem Hause; sie tragen Körbe voll Essen und Trinken.

Chor der Mädchen.

Mein, seht doch an! Sie tanzen gar!
Der Mädchen bedarf's da nicht fürwahr!

Sie gehen auf das holländische Schiff zu.

Chor der norwegischen Matrosen .

He! Mädel! Halt! Wo geht ihr hin?

Mädchen.

Steht euch nach frischem Wein der Sinn?
Eur Nachbar dort soll auch was haben!
Ist Trank und Speis für euch allein?

Steuermann.

Fürwahr! Tragt's hin den armen Knaben!

Vor Durst sie scheinen matt zu sein.

Matrosen.

Man hört sie nicht.

Steuermann.

Ei, seht doch nur!
Kein Licht ... von der Mannschaft keine Spur!

Die Mädchen *dicht am Ufer in das holländische Schiff hineinrufend.*

He! Seeleut! He! Wollt Fackeln ihr?
Wo seid ihr doch? Man sieht nicht hier!

Matrosen.

Hahaha! Weckt sie nicht auf! Sie schlafen noch!

Mädchen.

He! Seeleut! He! Antwortet doch!

Matrosen *spöttisch, mit affektierter Traurigkeit.*

Haha!
Wahrhaftig, sie sind tot:
sie haben Speis und Trank nicht not!

Mädchen *wie zuvor.*

Ei, Seeleute, liegt ihr so faul schon im Nest?
Ist heute für euch denn nicht auch ein Fest?

Matrosen *wie zuvor.*

Sie liegen fest auf ihrem Platz,
wie Drachen hüten sie den Schatz.

Mädchen.

He! Seeleute, wollt ihr nicht frischen
Wein?
Ihr müßtet wahrlich doch durstig
auch sein!

Matrosen.

Sie trinken nicht, sie singen nicht!
In ihrem Schiffe brennt kein
Licht.

Mädchen.

Sagt, habt ihr denn nicht auch ein
Schätzchen am Land?
Wollt ihr nicht mit tanzen auf
freundlichem Strand?

Matrosen.

Sie sind schon alt, und bleich statt
rot,
und ihre Liebsten, die sind tot.

Mädchen *Immer stärker und ängstlicher rufend.*

He! Seeleut! Seeleut! Wacht doch auf!
Wir bringen euch Speis und
Trank zu Hauf!

Matrosen *den Ruf der Mädchen verstärkend.*

He! Seeleut! Seeleut! Wacht doch auf!

Langes Stillschweigen.

Mädchen *betroffen und furchtsam.*

Wahrhaftig, ja! Sie scheinen tot.
Sie haben Speis und Trank nicht
not.

Matrosen *mit steigender Ausgelassenheit.*

Vom fliegenden Holländer wißt ihr ja: –
sein Schiff, wie es leibt, wie es lebt, seht ihr da!

Mädchen *wie zuvor.*

So weckt die Mannschaft ja nicht auf!
Gespenster sind's, wir schwören drauf!

Matrosen.

Wie viel hundert Jahre seid ihr schon zur See?
Euch tut ja der Sturm und die Klippe nicht weh!

Mädchen.

Sie trinken nicht, sie singen nicht –
in ihrem Schiffe brennt kein Licht.

Matrosen.

Habt ihr keine Brief, keine Aufträg fürs Land?
Unsren Urgroßvätern wir bringen's zur Hand!

Mädchen.

Sie sind schon alt, und bleich statt rot,
und ihre Liebsten, ach! sind tot!

Matrosen *lärmend.*

Hei! Seeleute, spannt eure Segel doch auf!
und zeigt uns des fliegenden Holländers Lauf!

Die Mädchen entfernen sich furchtsam aus der Nähe des holländischen Schiffes.

Mädchen.

Sie hören nicht ... uns graust es hier!
Sie wollen nichts ... was rufen wir?

Matrosen.

Ihr Mädel, laßt die Toten ruhn!
Laßt's uns Lebend'gen gütlich tun!

Mädchen.

So nehmt! der Nachbar hat's verschmäht.

Die Mädchen reichen den Matrosen ihre Körbe über Bord.

Steuermann.

Wie? Kommt ihr denn nicht selbst an
Bord?

Matrosen.

Wie? Kommt ihr denn nicht selbst an
Bord?

Mädchen.

Ei, jetzt noch nicht! Es ist ja nicht
spät.
Wir kommen bald – jetzt trinkt
nur fort!
Und wenn ihr wollt, so tanzt
dazu, –
nur laßt dem müden Nachbar
Ruh!

Sie gehen ab.

Die Matrosen öffnen und leeren die Körbe.

Matrosen.

Juchhe! Da gibt's die Fülle!
Lieb Nachbarn, habet Dank!

Steuermann.

Zum Rand sein Glas ein Jeder fülle!
Lieb Nachbar liefert uns den Trank!

Matrosen.

Hallohohoho! Lieb Nachbarn habt ihr Stimm und Sprach,
so wachet auf und macht's uns nach!

Von hier an beginnt es sich auf dem holländischen Schiffe zu regen.

Matrosen *lachend.*

Wachet auf! Wachet auf! Auf! Macht's uns nach!

Sie trinken aus und stampfen die Becher heftig auf.

Hussa!
Steuermann! Laß die Wacht!
Steuermann, her zu uns!
Ho, he, ja, ha!
Hißt die Segel auf! Anker fest!
Steuermann, her!
Wachten manche Nacht bei
Sturm und Graus,
tranken oft des Meers gesalz'nes
Naß; –
heute wachen wir bei Saus und
Schmaus
besseres Getränk gibt Mädel uns

vom Faß!
Hussassahel Klipp und Sturm
draus!
Jollohohe! – lachen wir aus!
Hussassahe! Segel ein! Anker fest!
Klipp und Sturm lachen wir aus!
Steuermann, laß die Wacht!
Steuermann, her zu uns!
Ho, he, ja, ha!
Steuermann, her! Trink mit uns!
Ho! He! Ja! Ha!
Klipp und Sturm – he! –
sind vorbei! – He!
Hussahe! Hollahe!
Hussahe! Steuermann!
Her! Her! komm und trink mit
uns!

Das Meer, welches sonst überall ruhig bleibt, hat sich im Umkreis des holländischen Schiffes zu heben begonnen; eine dunkelbläuliche Flamme lodert in diesem als Wachtfeuer auf, heftiger Sturmwind pfeift durch die Taue; – die Mannschaft, von der man zuvor nichts sah, hat sich beim Leuchten der Flamme belebt.

Chor der Mannschaft des fliegenden Holländers.

Johohoe! Johohohoe! Hoe! Hoe! Hoe!
Huih – ssa!
Nach dem Land treibt der Sturm
–
Huih – ssa!
Segel ein! Anker los!

Huih – ssa!
In die Bucht laufet ein!
Schwarzer Hauptmann, geh ans
Land!
Sieben Jahre sind vorbei!
Frei um blonden Mädchens
Hand: –
Blondes Mädchen, sei ihm treu!
Lustig, heut! Hui!
Bräutigam! Hui!
Sturmwind heult, Brautmusik –
Ozean tanzt dazu! –
Hui! Horch! er pfeift! –
Kapitän! Bist wieder da?
Hui! „Segelauf!" –
Deine Braut – sag, wo sie blieb?
„Hui! Auf in See!" –
Kapitän! Kapitän! Hast kein
Glück in der Lieb!

Hahaha!
Sause, Sturmwind! Heule zu!
Unsren Segeln läßt du Ruh!
Satan hat sie uns gefeit,
reißen nicht in Ewigkeit, – hohoa!

Während des Gesanges der Holländer wird ihr Schiff von den Wogen auf und ab getragen, als ob es tanze; furchtbarer Sturmwind heult und pfeift durch die nackten Taue. Die Luft und das Meer bleiben übrigens, außer in der nächsten Umgebung des holländischen Schiffes, ruhig wie zuvor.

Die norwegischen Matrosen haben erst mit Verwunderung, dann mit Entsetzen zugehört und zugesehen.

Chor der norwegischen Matrosen.

Welcher Sang? Ist es Spuk? Wie
mich's graut!
Stimmt an – Unser Lied! Singet
laut!
Steuermann, laß die Wacht!
Steuermann ...
Ho! He! Ja! Ha!
Steuermann, her zu uns!
Singet! Singet lauter!
Fürchten weder Wind noch
bösen Strand ...
Singet laut! Lauter!
Steuermann, laß die Wacht!

Chor der Mannschaft des fliegenden Holländers allein.

Sause, Sturmwind, heule zu!
Unsren Segeln läßt du Ruh!

Satan hat sie selbst gefeit,
reißen nicht in Ewigkeit!
Johoe! Hohohe! Johohohoa!
Hui – ssa!

Lachend.

Hahahahahaha!

Die norwegischen Matrosen, durch den Sturm und das Toben des immer wilder gewordenen Spukes zum Schweigen gebracht, verlassen von Grausen übermannt ihr Verdeck, indem sie das Zeichen des Kreuzes schlagen; die Mannschaft des Holländers, als sie dies gewahrt, schlägt ein gellendes Hohngelächter auf: sogleich herrscht auf ihrem

Schiff wieder die frühere Totenstille, – dichte Finsternis ist wieder über dasselbe ausgebreitet, – Luft und Meer sind ruhig wie zuvor.

Senta kommt aus dem Hause; Erik folgt ihr in der größten Aufregung.

Erik.

Was muß ich hören! Gott, was muß ich sehn!
Ist's Täuschung? Wahrheit? Ist es Tat?

Senta.

O frage nicht! Antwort darf ich nicht geben!

Erik.

Gerechter Gott! Kein Zweifel, es ist wahr!

Welch unheilvolle Macht riß dich dahin?
Welche Gewalt verführte dich so schnell,
grausam zu brechen dieses treuste Herz!
Dein Vater ... Ha! Den Bräut'gam bracht er mit: –
wohl kenn ich ihn – mir ahnte, was geschieht ...
doch du? Ist's möglich! – reichest deine Hand
dem Mann, der deine Schwelle kaum betrat!

Senta *in heftigem innerem Kampfe.*

Nicht weiter! Schweig! – Ich muß! – Ich muß!

Erik.

Oh, des Gehorsams – blind wie deine Tat!
Den Wink des Vaters nanntest du willkommen,
mit einem Stoß vernichtest du mein Herz!

Senta.

Nicht mehr! Nicht mehr! Ich darf dich nicht mehr sehn,
nicht an dich denken – hohe Pflicht gebeut's!

Erik.

Welch hohe Pflicht? Ist's höhre nicht, zu halten,
was du mir einst gelobet: ewige Treue?

Senta *heftig, wie erschrocken.*

Wie? Ew'ge Treue hätt ich dir gelobt?

Erik *schmerzlich.*

Senta! Oh, Senta! Leugnest du?
Willst jenen Tags du nicht dich mehr entsinnen,
als du zu dir mich riefest in das Tal?
Als, dir des Hochlands Blumen zu gewinnen,
mutvoll ich trug Beschwerden ohne Zahl?
Gedenkst du, wie auf steilem Felsenriffe,
vom Ufer wir den Vater scheiden sahn?
Er zog dahin auf weiß beschwingtem Schiffe,
und meinem Schutz vertraute er

dich an.
Als sich dein Arm um meinen Nacken schlang,
gestandest du mir Liebe nicht aufs Neu?
Was bei der Hände Druck mich hehr durchdrang, –
sag, war's nicht die Versich'rung deiner Treu?

Der Holländer, welcher ungesehen den vorigen Auftritt belauscht, bricht hervor.

Holländer.

Verloren! Ach! Verloren! Ewig verlor'nes Heil!

Erik.

Was seh ich! Gott!

Holländer.

Senta, leb wohl!

Senta *zum Holländer.*

Halt ein! Unsel'ger!

Erik *zu Senta.*

Was beginnst du?

Holländer.

In See! In See! In See für ew'ge Zeiten

Zu Senta.

Um Deine Treue ist's getan! ...
Um deine Treue, um mein Heil!
Leb wohl! Ich will dich nicht
verderben!

Erik.

Entsetzlich! Dieser Blick ...!

Senta *sich dem Holländer entgegenwerfend.*

Halt ein! Von dannen sollst du nimmer fliehn!

Holländer *Er gibt ein gellendes Zeichen auf der Pfeife und ruft der Mannschaft seines Schiffes zu.*

Segel auf! Anker los!
Sagt Lebewohl auf Ewigkeit dem Lande!

Senta.

Ha! zweifelst du an meiner Treue?
Unsel'ger, was verblendet dich?
Halt ein! Das Bündnis nicht bereue!
Was ich gelobte, halte ich.
Unsel'ger! Halt ein!

Holländer.

Fort, auf das Meer, treibt's mich aufs neue!
Ich zweifl' an dir! Ich zweifl' an Gott!
Dahin! Dahin ist alle Treue!
Was du gelobtest, war dir Spott!
Dahin! Dahin! Ewig dahin!

Erik.

Was hör ich? Gott! Was muß ich sehn!
Muß ich dem Ohr, muß ich dem Auge traun!
Senta! Willst du zu Grunde gehen?
Zu mir! Du bist in Satans Klaun!

Holländer.

Erfahre das Geschick, vor dem ich
dich bewahr:
Verdammt bin ich zum
gräßlichsten der Lose,
zehnfacher Tod wär mir
erwünschte Lust!
Vom Fluch ein Weib allein kann
mich erlösen,
ein Weib, das Treu bis in den Tod
mir hält.
Wohl hast du Treue mir gelobt, –
doch vor
dem Ewigen noch nicht: – dies
rettet dich!
Denn wiss', Unsel'ge! welches das
Geschick,
das jene trifft, die mir die Treue
brechen:
Ew'ge Verdammnis ist ihr Los!

Zahllose Opfer fielen diesem
Spruch durch mich –
du aber sollst gerettet sein! Leb
wohl!

Zum Abgang gewendet.

Fahr hin, mein Heil, in Ewigkeit!

Erik *in furchtbarer Angst nach dem Hause und dem Schiffe hin rufend.*

Zu Hülfe! Rettet! Rettet sie!

Senta *den Holländer aufhaltend.*

Wohl kenn ich dich! Wohl kenn ich
dein Geschick;
ich kannte dich, als ich zuerst
dich sah!
Das Ende deiner Qual ist da! Ich
bin's,

durch deren Treu dein Heil du finden sollst!

Daland, Mary, die Mädchen vom Hause und die Matrosen vom Schiffe her eilen auf Eriks Hülferuf herbei.

Erik.

Helft ihr! Sie ist verloren!

Daland, Mary und Chor.

Was erblick ich!

Holländer *zu Senta.*

Du kennst mich nicht, – du ahnst nicht, wer ich bin!

Er deutet auf sein Schiff, dessen blutrote Segel aufgespannt werden und dessen Mannschaft mit

Regsamkeit die Abfahrt vorbereitet.

Befrag die Meere aller Zonen, befrag den Seemann, der den Ozean durchstrich!
Er kennt dies Schiff, den Schrecken aller Frommen:
den Fliegenden Holländer nennt man mich.

Chor der Mannschaft des fliegenden Holländers *den Anker lichtend.*

Jahohoe! Jahohoe! Hoe! Hoe! Hoe!

Der Holländer gelangt mit Blitzesschnelle an Bord seines Schiffes, welches augenblicklich die Küste verläßt und in See geht. Senta will dem Holländer nacheilen, Daland, Erik und Mary halten sie zurück.

Daland, Erik, Mary und Chor.

Senta! Senta! Senta! Was willst du tun?

Senta reißt sich mit Gewalt los und erreicht in Eile ein in die See hervorragendes Felsenriff, von wo aus sie dem Holländer nachruft.

Senta.

Preis deinen Engel und sein Gebot! Hier steh ich – treu dir bis zum Tod!

Sie stürzt sich in das Meer. Sogleich versinkt mit einem fürchterlichen Krachen das Schiff des Holländers; das Meer türmt sich hoch auf und sinkt dann in einem Wirbel zurück. – Der Holländer und Senta, beide in verklärter Gestalt, entsteigen dem Meere; er hält sie umschlungen.